「そうだ京都、行こう。」の20年

ウェッジ

はじめに

JR東海の「そうだ 京都、行こう。」の広告キャンペーンは、京都に平安京がおかれてから一二〇〇年の節目を前に、一九九三年の秋よりスタートしました。

最初のポスターは、清水寺の写真に、「パリやロスにちょっと詳しいより 京都にうんと詳しいほうが かっこいいかもしれないな。」というコピー。京都のど真ん中をゆく写真に現代を生きる一旅人のひねった視点を挟み込むことで、化学反応が起きました。この写真とコピーでスタートを切れて、京都キャンペーンの流れが決まったようです。

あれから二〇年——。

本書は、二〇年間のポスターから写真とコピーを抜粋し、一冊にまとめたものです。また、キャンペーン当初からナレーションを担当されている俳優・長塚京三さんの京散歩や、写真家の高﨑勝二さん、コピーライターの太田恵美さんのおふたりからはキャンペーン秘話も。

二〇年のキャンペーンを堪能しているうちに、やっぱりまた京都に行きたくなる——そんな気持ちになっていただければうれしいです。

ウェッジ書籍部

秋

自然というと「手つかずの」が褒め言葉になりがちだが、京都はそうカンタンではない。

手をつけるかつけないかは、自然の命にうかがいを立てつつ、そこに己の信じる価値観を重ねあわせ、丁寧に判断をする。

自然を景色と呼べるものにして、それを守り続けるとはこういうことだ。そう紅葉が美しい京都のお寺は教えてくれる。

京都キャンペーンの立ち上がりも紅葉の秋だった。

◆

紅葉なんてどこにでもある、と思ってました。失礼しました。

——一九九三年・蓮華寺

93年・盛秋

パリやロスに
ちょっと詳しいより
京都にうんと詳しいほうが
かっこいいかもしれないな。

外国のビジネスマンって、
けっこう京都のこと
よく知ってたりするんだよな。

【清水寺】

きよみずでら

東山の中腹、断崖の上にせり出した清水の舞台。周囲二m三〇cmの巨大なケヤキの柱でクギを一本も使わず、支えられています。たいへんな技術です。さて、特にこれからは、太陽が西山に沈み始める頃、訪れる人の数もぐっと少なくなります。見下ろす右下に、ひときわ明るい四条通り。今頃はさぞ祇園あたりは賑わっているだろうなどと、じっくり一二〇〇年目の京の町を眺めるのもいいものです。

↓ map 168ページ

93年・盛秋

人の成功、失敗、
一二〇〇年ぶん。
京都は勉強になります。

「なに、ここ藤原さんの
別荘だったんだって」
「こういうところに住みたいね」

【平等院《びょうどういん》】

十円玉の図案でおなじみの鳳凰堂。約九五〇年前、藤原氏最盛期に建てられたときのまま残っています。その堂々とした姿は、さすが貨幣に採用されただけのことはある。中に入ると、壁に五十二体の菩薩像が取りつけられ、それぞれが踊ったり歌ったり楽器を奏でたり、とこれが意外と現代的でカワイイ。京都市内から少し足を伸ばしますが、その価値あり。ぜひスケジュールに加えてください。→map 173ページ

私は宇宙を、
友人は人生を、
考えていたのでした。

紅葉が教えてくれたのは、
季節だけではありませんでした。

【源光庵】げんこうあん

「鷹峰《たかがみね》」と優雅な名前を持つこのあたり、光悦寺、常照寺など趣のある紅葉の寺が多いところです。源光庵では、ぜひ「悟りの窓」と呼ばれる円窓、「迷いの窓」と呼ばれる角窓からの紅葉を静かに観賞していただきたい。円満無垢の悟りに救われるか、または生老病死四苦八苦と迷いながら人生を考えるか。思い出深い秋の一日になりそうです。→map 174ページ

「ムーン・ウォッチング」
という英語は、ないそうです。

この塀の高さも、この木の位置も、
この砂の色も、
決めたのは、お月さまでした。

【正伝寺《しょうでんじ》】

上賀茂神社をさらに西へ。送り火で有名な五山のひとつ「船山」の南麓にあります。「血天井」の寺として知る人も少なくないのですが、付近の人には、「月の寺」と呼ばれることが多いそうです。白塀越しの比叡山を借景に、その稜線をなぞるようにして月が渡ってゆく。小堀遠州が、どうやら月を、設計の決め手にしたのはまちがいなさそうです。→map 174ページ

今年という年は
この景色で思い出すことになりそうです。

今日、一生ものの風景に
出会ったような気がします。

【永観堂】えいかんどう

正式には禅林寺。平安時代創建の名刹です。ここの紅葉は古今集にも詠まれているほどで、一〇〇〇年以上も長きにわたって「紅葉の寺」であり続けているのです。山を見上げるとその中にお堂が姿を見せます。お堂の回廊を登り降りしていると紅葉の中をくぐり抜けている気分になれます。さすが歴史的な紅葉の名所。↓map 169ページ

96年・盛秋

人気のオープンエアでした。
お抹茶をお願いしました。

仕事の話は、
ちょっと外に待たせてあります。

【大徳寺《だいとくじ》　高桐院《こうとういん》】

数十もの堂塔が並ぶ境内は、寺町といった雰囲気です。二十一の塔頭の中でも高桐院の書院は、千利休の邸宅を移築したといわれているだけあって、簡素ながらも気品に満ちています。紅葉が深まり、やがて散り始める頃ここの絵画的空間はピークを迎えます。「散《ち》り紅葉《もみじ》」という日本語を実感する瞬間です。

→ map 167ページ

97年・盛秋

六百年前、
桜を全部、切りました。
春より秋を選んだお寺です。

紅葉のベストポジションは、
修行の道でした。

【東福寺】とうふくじ

この写真に映る通天橋は、今や、有名な東福寺の紅葉を観賞する特等席です。そもそもは、谷を登り降りして上の開山堂へ向かう修行僧を助けるために、架けられたものだそうです。橋から見下ろす谷の楓は、もとは、仏教の教えとともにこの寺の僧が中国の宋より持ち帰った三葉楓。葉先が三つに分かれているのが特徴。すぐ見分けることができます。

→map 172ページ

00年・盛秋

日本の「ガーデニング」です。
どなたか、この美しさについて、
理論的、科学的に
説明していただけませんか。

ここに来てみれば、すぐわかります。
まずは、紅葉から、ごゆっくり。

【東福寺《とうふくじ》　光明院《こうみょういん》】

この「波心の庭」は、昭和の枯山水です。日本の三〇〇の庭園を実測し、一九三九年に「日本庭園史図鑑二十六巻」を完成させた現代の作庭師、重森三玲氏、渾身の作品といわれています。鎌倉時代の伝統を踏襲しながらも石と石とを直線的に結んだレイアウトは、実にシャープでモダンです。

map ↓ 172ページ

ご本名は真正極楽寺。
「正真正銘のゴクラク」は、
町角を曲がるとあったりするんです。

【真如堂】 しんにょどう

正しくは真正極楽寺《しんしょうごくらくじ》といいます。しかもこのあたりは昔から「神楽《かぐら》岡《おか》」と呼ばれていて、こういう神々しい場所が町の中にあるというのが、いかにも京都。広い境内に、紅葉と美しい調和を見せるお堂や三重塔も立派です。近くには黒谷の光明寺、吉田神社、そして岡を降りればすぐ京都大学。知る人ぞ知る学生や近所の人の散策地。ちょっと通な京都の時間が過ごせます。→ map 169ページ

散歩のついでにでも、気軽に
お立ち寄りください。

足利義政

【銀閣寺《ぎんかくじ》（東山慈照寺《ひがしやまじしょうじ》）】

一日の中に少しずつ秋が長居し始めたかなと思う頃から京都には至福の時間が静かに戻ってきます。例えば、南禅寺から永観堂、法然院などをたどり、哲学の道を歩いてみる。終点は銀閣寺。足利義政の美的センスに貫かれたお宅でほっと一息つく感じでしょうか。夏から秋へのグラデーションの中で楽しむ、なんとも贅沢な散歩です。→map 169ページ

子どもは　ひと夏ごとに、
おとなは　ひと秋ごとに、

なにか大事なものを身につけて
ゆくように思います。

【善峯寺】よしみねでら

「え、こんなところに」と、歴史があってもまだまだ多くの人に知られていない秋のお寺が京都にはあります。平安中期の開山である善峯寺もそのひとつ。人々の極楽往生のためにはどうしてもこの地でなくてはならず、山肌を切り開いて建てられました。三万坪に高低差一〇〇m。境内全体が回遊式庭園で、山寺という言葉の印象をはるかに超える華やいだ景観が広がっているのです。↓map 171ページ

一年なんてアッという間に過ぎていく。それじゃいけない。

ホーッ……京都の紅葉が、
ゆっくりとため息をつかせてくれました。

【曼殊院】まんしゅいん

最澄が比叡山に開いた一坊が江戸中期にこの地に移り、優美な堂宇は「小さな桂離宮」と呼ばれました。建立したのは良尚法親王。桂離宮を造った八条宮智仁親王の次男でした。茶道、華道、書道、香道、和歌の精進をつんだといわれるだけあって、紅葉と建物の見事なレイアウトや部屋の意匠へのこだわりなど、内も外も曼殊院ならではの美意識に溢れています。

↓ map 169ページ

美しい景色は人がつくり上げるものです。
この当たり前のことに
一〇〇〇年たった今、
ドキリとするのはどうしてだろう。

平安時代の初めに海外の情報を集め、
書を読み、話を聞き、
練りに練ってこの空間設計は生まれたのでした。

【大覚寺《だいかくじ》】

もとは平安初期、嵯峨天皇によって建てられた離宮「嵯峨院」でした。二〇代ながら屈指の学者で文化人でもあった天皇は、空海を頻繁に招いて唐の文化について語り合い、また歌会や船遊びを催して政務の疲れを癒したといいます。三〇代のとき「無位無号にして山水に詣でて、逍遥し」と述べて位を譲った後は、さらにこの地を愛されたようです。広大な敷地に雅な伽藍、日本美術を代表する障壁画など、見所多し。時間をかけて、どうぞ。→map 171ページ

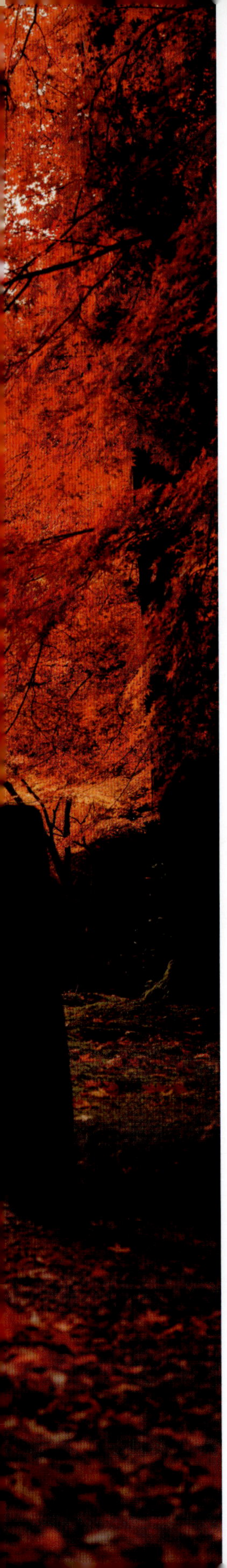

紅葉の中で
仏さまに出会ってしまいました。
急いでケータイを切ります。あしからず。

【三千院《さんぜんいん》】

作家井上靖氏が「東洋の宝石箱」と表現したこのお寺。もとは一二〇〇年前、比叡山に建立された小さなお堂でした。ハイライトは往生極楽院の国宝阿弥陀三尊像。どっしり座るのではなく少し前屈みで、立ち上がろうとしているかに見えます。悩み苦しんでいる私たちに、「そのままでいいですよ。こちらから迎えにいってあげます」という、それはやさしさの姿勢だと聞きました。→map 174ページ

中秋の名月。風情のある言葉です。
ひさびさに口にしました。

【泉涌寺】 せんにゅうじ

せんにゅうじ。この美しい響きのお寺は、東山三十六峰の南端「月《つき》輪山《のわさん》」の麓にあります。東山から昇った月がここで鴨川に映る、その美しさを古の人は「月輪」の地名に託したとか。東大路から少し入っただけなのに、町中の喧噪とは無縁。戦後まで七〇〇年以上も門を閉ざしていたために時流に流されず今も静謐な空気が守られているのでしょう。→ map 172ページ

2009年の秋。今わたしたちは
日本の歴史の、どのあたりを
歩いているのだろう。

【光明寺】

こうみょうじ

『平家物語』でも有名な、一の谷の戦いで平敦盛《たいらのあつもり》の首をとった頼朝方随一の豪傑、熊谷直実《くまがいなおざね》。その慚愧の念と無常観から出家し、法然に師事。この地に念仏のための寺を開きました。「浄土門ここにはじまる照紅葉」の句碑に出会う紅葉の参道。敷石は元禄時代に近郊の人々によって近くの桂川からひとつふたつと持ち寄られたものだそうです。↓map 171ページ

いい秋ですね、と言葉をかわしあえる。
それだけで、うれしい。

【毘沙門堂】
びしゃもんどう

さかのぼれば創建は平城遷都以前。その後、たび重なる戦乱から荒廃と再興を繰り返し、江戸時代前期にはこの地で格式の高い門跡寺院として栄えました。山科は東海道沿いの要所。街道を往来する諸国大名たちは、山ひとつ隔てた京の都に入る前にここに立ち寄ったといいます。秋には見事な紅葉が彼等をやさしく迎え入れたのでしょうか。→ map 173ページ

紅葉は、旅の入り口にすぎませんでした。

【二尊院《にそんいん》】

ここは嵯峨嵐山の小倉山、東麓。総門をくぐると「紅葉の馬場」と呼ばれる参道がまっすぐにのび、さらに白壁からのぞく真っ赤な紅葉がその先の境内へと導いてくれます。本堂に安置される本尊は二体。二尊院の名の由来です。「発《ほっ》遣《けん》の釈迦如来」と「来迎の阿弥陀如来」。この二尊により現世と来世の安寧を得られるとされています。

→ map 171ページ

「今年の紅葉」を見に行く、
と言いながら
「今年の自分」を見に行く私、
でもありました。

【南禅寺《なんぜんじ》　天授庵《てんじゅあん》】

室町時代の最盛期には約一〇万坪の境内に六〇ほどの塔頭を有し、高い寺格を守り続けた南禅寺。戦禍、復興を繰り返し、今は寄り添うようにあるいくつかの塔頭。中でもこの季節、見逃せないのが三門すぐそばの天授庵です。洗練された枯山水庭園に散る紅葉と、自然美を生かした回遊式庭園の池に映る紅葉と。ふたつの対照的な紅葉を体験できるのが魅力です。

↓ map 169ページ

冬

「底冷え」は京都に来てはじめて実感できる日本語だ。

この身心を引き締めるほどに冷える町の空気は、京の歴史に高僧や哲学者たちが名を連ねることと、どうしても無関係とは思えない。

難しい話ばかりではない。体を芯から温める、例えばあんかけ料理のおいしさに京都で開眼したという人は多い。町かどで「ぬくいもん」を見つけ出す、そんなほっこりとした旅も、また冬である。

◆

「冬の京都」がその男を強くした。という話を聞きました。

——二〇〇二年

93年・冬

修学旅行のときは
「仏様が一〇〇一体。
それがどうした」
って、かんじでしたが…。

帰ったら、
なつかしい日本史の教科書
「平安時代」のページでも、
読んでみようかな。

【三十三間堂《さんじゅうさんげんどう》】

正式には蓮華王院。わずかな光が差し込む堂内に、その数一〇〇一体の観音像。ここの柱間の数が三十三あることから三十三間堂と呼ばれています。これだけの数の観音像、実は後白河上皇が平清盛に所望して安置させたものだといいます。なんともリッチなプレゼントをねだったものです。この裏には相当興味深い人間関係があったのにちがいありません。→ map

168ページ

「これからのニッポンは？」
の悩みには、
「むかしむかしのニッポン」が
お答えします。

一つくぐると一年むかし。と考えると、
さっきカーブしたあたりで
三〇〇年はもどったってことなんだ。

【伏見稲荷大社《ふしみいなりたいしゃ》】

酒どころ伏見。ここに、全国四万はあるといわれる稲荷神社の総本山「伏見稲荷大社」があります。駅の前から参道。そして、本殿、奥宮へ。長さ約四km、鮮やかな朱塗りの鳥居「千本鳥居」が続きます。途中、休み処もあります。眺めも良し。一本くぐるごとに一年むかしへ。しばし、過去へのタイムトリップをお楽しみください。

→ map 172ページ

そうか
「考える時間」じゃなくて、
「考える場所」がなかったんだ。

反省するにせよ、決心するにせよ、
舞台は必要です。

【八坂の塔】《やさかのとう》

五条坂を清水に向かう途中の「三年（産寧）坂」を、さらに下った二年坂。その近くにこの法観寺の五重塔はあります。もとは聖徳太子の創建。その後足利義教によって再建されました。清水焼、京人形などを扱う京都らしい店の間に塔が見える、京都を代表する風景のひとつです。三年坂の入口は、七味唐辛子屋さんを目印に。

→ map 168ページ

巨大組織「比叡山」から
ひとり飛び出した法然。
鎌倉時代の「フリー宣言」でした。

勇気があって成功して。
カッコイイと思います。

【知恩院《ちおんいん》】

大小一〇〇棟以上の伽藍を持つこのお寺も、そもそもは法然が比叡山から降りて小さな庵を結んだ場所。彼は浄土宗の布教をこの地から始めたのでした。旅人を迎える三門は高さ二十四m・桁の長さ二十七mの巨大な木造の門、そして境内には四〇〇〇人は入れるという御影堂が中心を占めているなど、徳川の庇護のもとに大きく育っていった歴史を感じさせます。

↓ map 168ページ

華頂山

99年・冬

まっすぐ
揃っているのが、良い。
歪んでいたり
ズレているのは、悪い。
なんてルールは、
この「ちゃわん」のどこにも
見つかりませんでした。

日本人って、そもそもそうとう
「自由でクリエーティブ」
だったんだなあ。

【大徳寺《だいとくじ》　大仙院《だいせんいん》】

大徳寺最古の塔頭のひとつ。本堂は創建当初のもので、五〇〇年近くもの間、ここを出入りする人々を見続けてきたことになります。三世の住職は千利休の禅の師、古渓和尚。枯山水を前にする茶室で、秀吉に茶をふるまったといわれます。利休を切腹に追いやった秀吉と彼の間に、どのような会話があったのか……。→ map 167ページ

著者、空海。空と海。

東寺「五重塔」の中は
まるごと一冊の巨大な哲学書でした。

【東寺《とうじ》（教王護国寺《きょうおうごこくじ》）】

新幹線から見えるおなじみ東寺五重塔。一一〇〇年以上も前に京都の町に姿を見せたとき以来、ずっと京都のシンボルでした。初層の内陣に展開されているのが空海作の羯磨《かつま》曼荼羅《まんだら》。空海によって体系化された真言密教が、黄金色の仏像で、立体的に表されています。ビジュアル化された密教。考えるのではなく感じてほしい、そう空海はいっているようです。↓ map 167ページ

03年・冬

陽気に誘われるだけが、
旅ではないのです。

【金閣寺（北山鹿苑寺）】

きんかくじ（ほくざんろくおんじ）

苑路を右に折れると突然、幻想的な金閣寺が現れます。あっと息をのむ瞬間。まさに日常から非日常への旅です。そもそもは足利義満が一三九七年から造営に着手した山荘。北山文化を花開かせた拠点でもありました。→ map 174ページ

龍安寺のA面。知らない、とマズイです。

【龍安寺《りょうあんじ》　石庭《せきてい》】

作者、制作年、目的も不明。ミステリアスでシンプルで、日本人の美意識を象徴する禅の庭として海外にも広く知られています。ただ白砂と一五個の石。そこから感じるものは、季節や時刻やそのときの自分の歳によって明らかにちがってくるように思います。時間をかけて鏡容池や木立も散策してみてください。きっと役立ちます。

↓ map 170ページ

龍安寺のB面。知ってると、スゴイです。

【龍安寺《りょうあんじ》　鏡容池《きょうようち》】

石庭に比べて語られることの少ない「鏡容池」。広く美しい池の向こうには塔頭「大珠院」も見え、平安時代には公家たちが船を浮かべて楽しんだといいます。ここを歩きつつ、日常から徐々に石庭の「無」の世界に移行するか。石庭で不可解になった頭の中を池を眺めて鎮めるか。難解な禅の心がひもとけるしかけは、ちゃんと用意されています。↓ map 170ページ

聞こえてくる「京ことば」も風景のひとつだと気づきました。

【二年坂《にねんざか》】

清水寺、八坂の塔、高台寺、八坂神社、円山公園に続く坂道。石段や石畳など風情あるこのあたりが整備されたのは古く平安京ができた頃で、清水寺の門前町として発展しました。二年坂を登り切ると八坂道（八坂通）。この冬、坂の名が刻まれた石碑をガイドに町歩きはいかがですか。→ map 168ページ

「住みたいな、この町に」
「来るたびに、そう言っているね」

【八坂通】

やさかどおり

石畳の先に見える五重塔が、法観寺の境内に立つ「八坂の塔」。八坂通はここに至る参道で、清水道、三年（産寧）坂、二年（寧）坂へとつながり、東山散歩には欠かせません。冷えた空気に触れる緊張感もよし、年末年始の賑わいもよし。坂や路地をゆっくり歩く、ただそれだけでも立派な旅になるのです。→map 168ページ

一年の「旅初め」をどこにするか、だ。

【下鴨神社（賀茂御祖神社）】
しもがもじんじゃ　（かもみおやじんじゃ）

高野川と賀茂川の合流点にあって樹齢二〇〇年〜六〇〇年にもなる老樹が茂り、古代山城国の名残をとどめる広大な原生林「糺《ただす》の森」。ここを縦断する参道は、まるで町中にある山道。漂う清浄な空気が一年の納めや始めにふさわしく感じます。写真は「光琳の梅」。初代は尾形光琳の国宝「紅白梅図屏風」のモデルといわれています。彼もここへ足繁く訪れていたのでしょうか。↓ map 169ページ

「みんなどうか元気で」と思う人で、
この季節、
この町はできているみたいだ。

【北野天満宮《きたのてんまんぐう》】

約二万坪に白梅や紅梅が約五〇種二〇〇〇本。年明けから三月下旬まで梅が楽しめ、菅原道真公を「学問の神」として祀る北野の天神さんです。平安時代は大宮人の遊興の地。鎌倉、室町時代には庶民の人気スポットになったそうです。一〇〇〇以上もの茶席が用意されたともいう秀吉の「北野大茶会」も、出雲阿国が初めて歌舞伎踊りを披露したのも舞台はここでした。

↓ map 167ページ

春

山桜、里桜、枝垂れ桜、御室桜。京都の桜は多種で、ソメイヨシノを見慣れた我々は「日本のさくら」を、この町で知ることになる。欧米にあわせて「秋に」という動きもあるようだが、やはり日本の多くの学校や会社の新期は春だ。その理由は「さくら」にあると推論するのは乱暴だろうか。

◆

家康も、春の日を選んで京都へ引っ越してきたんです。

——二〇〇三年・二条城

見事なサクラであればあるほど、長い冬の時間、耐えてきたことを思うのでした。——二〇〇九年・醍醐寺

94年・春

「春はあけぼの…」
という彼女の意見に、
私も一票、投じます。

【渡月橋】 とげつきょう

今では貴重な長さ一五四mもある木造（橋上）の橋です。後ろに嵐山の自然が控え、大堰川がゆったり流れ、「くまなき月の渡るに似る」という亀山天皇の表現に、今なお納得させられます。さすがに名所中の名所。桜の季節を迎え、次は新緑の中で船遊び。嵯峨野のお寺めぐりの途中に、大きな深呼吸でもしに来てください。

→ map 171ページ

地球に、ポッと桜色になっている
ところがあるとしたら…
京都です。

あの秀吉が、自慢したくてしたくて
たまらなかった
700本の桜の子孫たちです。
少々の人出には、負けません。

【醍醐寺】《だいごじ》

ほぼ醍醐山全体が寺域という、とにかく広大なお寺です。秀吉の「醍醐の花見」は有名ですが、まずは入口から桜並木の参道に迎えられるという贅沢さ。その左側の塔頭「三宝院」も花見の宴のために秀吉が造園した自信作。右側の霊宝館とあわせて、ここは国宝・重文の仏像、屏風、曼荼羅図などの宝庫でもあります。一九九四年、ユネスコの「世界遺産」に選ばれました。→ map 172ページ

96年・春

しっかり、しっかり
春を見ておかないと、
すぐ次の季節になっちゃいますよ。

この国の風景なんだと思うと、
なんだかうれしいな。

【高台寺】こうだいじ

ここは秀吉夫人の北政所《きたのまんどころ》（ねね）が建立したお寺。かなりの敷地の広さを誇るにもかかわらず、威圧的なところがなく、建物と庭とが一体になって来る人を迎えてくれるやさしさがあります。桜の頃には、あたかも桃山時代と思えるような華やかさ。円山公園のそばにありますここの夜桜もお見逃しになりませんように。

→ map 168ページ

吉田兼好さんは「徒然草」を書くのに、よく取材に来ていたそうです。

兼好の住まいは、この近く。
春はここでお花見していたかな？

【仁和寺】 にんなじ

八八六年以来明治まで、ずっと法親王が住持を務めたほど、門跡寺院中首位のお寺です。京都の人が「御室の桜で春はおしまい」とよくいうように、ここの御室桜は遅咲き。しかも高さ二～四m、地上二〇～三〇cmから花をつけるのですから、桜を仰ぐのではなく桜に向かうという気分。ソメイヨシノを見なれた目には、うれしい驚きです。→map 170ページ

97年・春

物事を深く考える、の
近頃、流行《はや》っていないようですが。
いいんでしょうか。
と思ってしまった哲学の道。

思ったよりささやかな散歩道でした。
それがかえって、哲学的でした。

【哲学の道】 てつがくのみち

道の横を流れているのは琵琶湖疏水の分流で、つまりこの道は「疏水べり」。人工のものと自然が一緒に美しい空間をつくる、そのお手本です。そもそもこのあたりには哲学者、西田幾多郎をはじめ学者、芸術家などが多く住み、彼らの思索し語り合う姿がよく見られたといいます。ここを歩くのは、銀閣寺を起点に南へ下るか、南禅寺あたりから北へ上るかどちらでも。ちなみに、もう少し東側に平行する小道があります。ここは、もうひとつの哲学の道。→map169ページ

99年・春

ここの桜のように
一年にたった一回でもいい。
人をこんなにも
喜ばせる仕事ができれば
なんて思いました。

春に桜が必ず咲く国に生まれて、
ラッキーでした。

【善峯寺】《よしみねでら》

西山の険しい山の斜面に建つ善峯寺、名前は平安時代の終わり頃、天皇から賜ったものです。登りきると眼下に京都の町が一望できたり、全長四〇m近くもある天然記念物「遊龍の松」に出会えたり、と、時間をかけて歩くだけのことはあります。なによりもこの季節圧倒されるのは境内の桜。なかでも、経堂近くにある枝垂れ桜は樹齢三〇〇年、珍しい桜と楓の合体木です。↓map171ページ

00年・春

「がんばれ」「元気出せ」
なんていうよりも……

いま、励ましを必要とする人がいたら
私なら、ここに連れてきてあげたい、
と思います。

【毘沙門堂】

びしゃもんどう

山科の里は、疏水を中心にして春の風景が広がります。ハイライトは枝張り約三〇mもあるこの「般若桜」でしょうか。平安遷都以前は御所近くにあって、最澄など比叡山の高僧が唐に渡る前、準備のために立ち寄ったお寺でした。現在の寝殿と勅使門は江戸時代に御所から移築されたもの。満開の桜とひとつになると、まるで王朝絵巻です。→ map 173ページ

01年・春

桜の開花が
ニュースになる国って、
すてきじゃないですか。

【仁和寺】にんなじ

「花に来て御室を出るや宵月夜」仁和寺を訪れた蕪村の俳句です。ここは、敷地は広大で格式と歴史を誇り、四季を伝える自然と数多くの寺宝に恵まれた空間。歌や俳句に詠まれ、徒然草に書かれ、小説の舞台になったのもうなずけます。

→map 170ページ

02年・春

長い争いの時代を
変えたい、と
植えられた桜でした。

【天龍寺《てんりゅうじ》】

七〇年以上も続いた南北朝の長い争いを背景に、このお寺は創建されました。足利尊氏、直義兄弟が、夢窓国師に戦火の罪を説かれて建立を決意したといわれています。当時は今の約四〇倍の広さで、嵐山渡月橋も境内でした。

↓ map 171ページ

04年・春

「あぁ、わたしは、春を
一年間待っていたんだなぁ」と
気づいた瞬間でした。

【平安神宮《へいあんじんぐう》】

平安神宮の春を彩るのは、神苑約一万坪の敷地に咲き誇る八重《やえ》紅《べに》枝垂れ桜。谷崎潤一郎『細雪』によれば、空に広がる紅の雲と表現されています。四姉妹は「花は京都の花でなければ見た気がしない」といい、今年はどんなふうであろうかと気を揉みながら毎年ここの門をくぐるのです。→ map 169ページ

「ありがとう」
桜を見上げて言ったのは
初めてな気がする。

【円山公園《まるやまこうえん》】

「山の桜」「里の桜」ともに数多くの名所を持つ京都の、「里の桜」を代表するもののひとつが、高さ一二m・枝張り一〇mのこの大きな彼岸枝垂れ桜です。近所にあって毎年見ていても満開の見事な姿を目にするたびに何か特別なものを感じる、と祇園の人はいいます。多くの人々に熱い思いを寄せられてきた町では、桜もそれをしっかり受けとめるようにと、大事に育て守られてきたのでしょう。

↓ map 168ページ

春のない国には、わたし、住めないかも。

【上賀茂《かみがも》】

京都盆地の中でも早くから人々が住むこのあたり。平安京よりも古い京都最古の社、上賀茂神社があります。背には神様の降臨地とされる神山が。「賀茂・鴨」は「神」に由来するともいわれ、その起源は神話の世界にさかのぼります。一の鳥居から二の鳥居に一直線に伸びる参道の両側には、樹齢一五〇年の八重紅枝垂れ桜、馬出しの桜、鞭打ちの桜。それぞれ曰く付きの桜たちです。↓map 174ページ

肩に花びらが落ちてきました。
どんな大画面テレビでもできない
お花見でした。

【南禅寺《なんぜんじ》】

西は岡崎の疏水べりに約八〇〇本の桜、南はインクラインの軌道上に六〇〇mの桜のトンネル。北に向かえば哲学の道の桜並木。ここは東山の桜散策の中心地点。ずっと花を見上げて歩いてきた旅人の目に、札に書かれた「看脚下」の文字が飛び込んできます。あしもとをみよ。ものごとの本質を見よ。京都の桜は「ああ、きれい」だけではないのです。

→ map 169ページ

どういうわけだろう。
今年は一本の桜と
じっと向き合う春にしたかった。

【東寺《とうじ》（教王護国寺《きょうおうごこくじ》）】

平安京の建設とほぼ同時に都市計画の一環として立てられた官寺です。建設中の東寺の造営をまかされたのが空海。彼によって真言密教の根本道場になりました。今ある位置も規模も創建当時のままだとか。一二〇〇年以上もの歴史をとどめるこの地に五年前、一本の桜が移植されました。日本一高い木造の五重塔を背景に、樹齢約一二〇年の「不二桜」。ふたつの時代が出会って生まれた我らの時代の風景です。↓ map 167ページ

どの町の、どこの桜が好きですか。
おや、迷っていらっしゃる。
どうぞ、ごゆっくり。

【妙心寺《みょうしんじ》 退蔵院《たいぞういん》】

平安の貴人達が山荘を置き、多くの草花を植えたこのあたりは花園と呼ばれ、室町時代にこの地を愛し、この地の離宮を禅寺に改めた法皇に花園法皇の名が贈られました。その禅寺が妙心寺。約一三万坪の境内にある四〇超の塔頭の中、屈指の古刹かつ「元信の庭」「余香苑」で知られるのがここ退蔵院。写真の桜は「余香苑」入口。四季の花、滝や池や岩で強くやさしく見事に構成された名庭です。

↓map 170ページ

散策の途中で見つけました。
まだ知らない場所がある、
知らない話がある。
それが、なんだかうれしい。

【十輪寺】じゅうりんじ

創建は平安初期と古く、歌人在原業平が晩年に隠棲したと伝えられるお寺です。圧巻は、立って見る、座って見る、寝て見る、の三通り楽しめる「三方普感の庭」を覆うように立つ枝垂れ桜。その名も「なりひら桜」。または天蓋のように覆われているので「天蓋桜」。なんと樹齢約二〇〇年だとか。

→ map 171ページ

初夏

三方の山々から多彩なみどりが、色と匂いを町中に放ってくる。いったい何種類のみどり色があればこの風景を描ききれるのか。京都が盆地であることをありがたいと感じる瞬間である。
そういえば「京都は初夏がいちばん好き」という人は、決まって頭に「実は」とか「本当は」を付ける。初夏ファンは少数派なのだろう。そして少数派はときどき「通」と呼ばれる。

◆

浅緑、浅葱、萌葱、鶸萌黄、「日本のみどり色」が見つかりました。

——二〇一一年・常寂光寺

97年・初夏

「ある日突然、
戦うのがイヤになりました。
花や虫たちと、
暮らすことにしました」

……と戦国時代の武将、
石川丈山はこの庭を作ったそうです。

【詩仙堂《しせんどう》】

ここはそもそも、一八歳で関ヶ原の戦に従い、家康の信頼厚かった武将、石川丈山が、その後三十一年間の隠遁生活を送った山荘でした。彼は、読書を楽しみ、詩を詠み、書も巧みな風雅の人。詩仙堂の名は、日本の三十六歌仙にちなんで中国の三十六詩人を選び、彼らの肖像画を住まいに掲げたことによるものだといいます。

map ↓ 169ページ

98年・初夏

そこは、四畳半の喫茶店でした。
余計なものが、
ひとつもないんです。
だから、相手のことを、
考えるしかなくなりました。

たったお茶一杯で、
人間関係のコツ教わりました。

【大徳寺《だいとくじ》 黄梅院《おうばいいん》】

室町時代に「茶の湯」が形式・精神性ともに日本独自の文化として完成される、その背景には禅がありました。特に大徳寺と茶人との親交は深く、千利休は門前に茶室をつくり、古渓和尚には大いに影響を受けたといわれています。写真の茶室は、大徳寺有数の歴史を持つ「昨夢軒」。利休の師武野紹鷗の作です。↓map 167ページ

あの空海だって、
自分には「ここの、この夏」が
必要だと思ったわけです。

【高雄山神護寺《たかおさんじんごじ》】

真夏でもひんやりする清滝川から参道へ向かいます。青葉のトンネルの中、石段を一歩一歩上がり、天に近づくことで俗念俗塵を落とすといわれます。約六万坪。さすがは平安仏教の巨頭、最澄、空海を世に送り出した舞台は広大です。最先端の仏教を学び唐から戻ったふたりはここで初めて出会い、真言宗の基礎を根づかせます。「教学はアタマで理解するのではない、カラダで体得するのだ」。天才空海のコトバが心に響く山寺でした。

→ map 170ページ

「お天気よかったから、
京都に来ちゃった」
ケータイの留守電から妻の声がした。

春と夏の間に、いったい
いくつ季節を隠しているんだ、
この町は。

【安楽寺】あんらくじ

銀閣寺、法然院、霊鑑寺、京都らしいお寺が点在する哲学の道かいわいにひっそりとあります。後鳥羽上皇の女御、松虫姫と鈴虫姫が、法然上人の弟子の住蓮・安楽の説法に魅了されて密かに出家し、それが上皇の逆鱗にふれて両僧は死罪、という悲劇の舞台でした。通常は非公開ですが、楓が新緑に変わる頃、庭いっぱいにサツキが咲き、私たちを招き入れてくれます。

↓ map 169ページ

手帳を見たら、一日くらい
自分のために使えそうに思えました。

【梅宮大社《うめのみやたいしゃ》】

かき（垣）を連想させることから、春と夏を隔てる花として都人に珍重されていたのがカキツバタ。それとバトンタッチして姿を見せるのがハナショウブです。古い神社の神苑に群生する花々を見ると、春と夏の間にはまた別の顔を持つ美しい季節があることに気づかされます。晩春から夏にかけて神苑ではキリシマツツジ、カキツバタ、ハナショウブ、アジサイの花のリレーが見られます。→map 171ページ

「京都」「初夏」「花」で検索して、息子が教えてくれました。

【三室戸寺】《みむろとじ》

五〇〇〇坪の大庭園に、五月は二万株のツツジ、一〇〇〇株のシャクナゲ。六月は一万株のアジサイ。七月は二五〇鉢のハス。ここは宇治の「花の寺」。一二〇〇年以上も前に創建の古刹です。中でもハスは、仏の教えとともに語られる花。花びらは迷いを、花托は悟りを表す。だから花托が現れて、花びらは一枚一枚散り始めるのだそうです。↓ map 173ページ

桜がすんでも
一息ついてるヒマはないですから、
京都は。

【城南宮《じょうなんぐう》】

平安京の南を守る社でした。やがて貴族たちが別荘を建て始め、白河上皇がこの神社を中心に鳥羽離宮を造営。御殿が次々に建つ頃の華やかさは、「まるで都がここに移ってきたかのようだった」と記されています。社殿を取り囲む約一万坪の楽水苑は、趣の異なる五つの庭園からなる「源氏物語花の庭」。ここを彩るのは、紫式部が作品に登場させた一〇〇種を超える『源氏物語』の花々。藤に続いて、笹百合、空木、菖蒲、露草、藍、夕顔……一年中途切れることなく咲いてくれます。↓map 172ページ

京都なら、そのスーツのままでいいんじゃないですか。

【智積院】 ちしゃくいん

多くの僧が修行に集まる伝統ある学問寺です。学舎「智積院」があった紀州根来寺を、勢力の拡大を恐れた秀吉に焼き払われて京のこの地へ。その後の家康は、東山一帯から豊臣色を除くため智積院に格別の庇護を与えます。秀吉が贅を尽くした「都一番の寺」祥雲寺の寺宝を下げ渡したのです。それが「生涯の奇筆にして世に比類なし」といわれた長谷川等伯一門による一連の障壁画と、この見事な庭園。大書院の床下まで水が入り込んでいて、まるで水の上にいるかのような気分です。↓ map 168ページ

「きれいなものを目にする」には、
ちょっとした努力がいる。
家でニュースを見ていると、そう思います。

【勧修寺《かじゅうじ》】

スイレンが咲くのは「氷室池」。平安時代、ここに張る氷を宮中に献上していたことからついた名前です。今昔物語に創建にまつわる話が出てくるという門跡寺院。夏になると、今度は泥の中から見事なハスの花が姿を見せます。花はその寺の性格を表すとすれば、歴代の法親王が世間を離れてひっそりと暮らされた場所には、こういう花たちが似合うのかもしれません。→map 172ページ

生まれたばかりの
季節の匂いがしました。
「人と緑のいい関係」が、
ここにはありました。

【法然院《ほうねんいん》】

銀閣寺からそう遠くはない、哲学の道を東に入った法然院。茅葺きの門をくぐると、白砂壇《びゃくさだん》の白と青紅葉のコントラストが生み出す、初夏ならではのみずみずしい空間が目に入ります。古い歴史と今を生きる生命力がこの町ではひとつになっている。秋だけで、この町の紅葉の魅力を語るわけにはいかないようです。→map 169ページ

古くからあるのに古くない。
毎年、新しい生命力を
緑からもらうようにできていました。

【祇王寺《ぎおうじ》】

新緑を求めてたどり着いた嵯峨野の奥。敷地には茅葺きの庵に楓の木立、苔、小川があるだけの小さな境内でした。ここが平清盛の寵愛を失った白拍子祇王と妹の祇女とその母が余生を送ったところ。青紅葉と、初夏の光を吸ってビロードのように輝く苔の瑞々しさに触れると『平家物語』という古の舞台でありながらも新しい時間が流れているのを感じます。

↓ map 171ページ

浅緑《あさみどり》、浅葱《あさぎ》、萌葱《もえぎ》、鶸萌黄《ひわもえぎ》、
「日本のみどり色」が見つかりました。

【常寂光寺《じょうじゃっこうじ》】

安土桃山時代に日蓮宗の高僧、日禛により建立されました。嵯峨野の地は京都でも屈指の紅葉の名所、すなわち青紅葉の名所。平安時代より公家や歌人が好んで別荘や庵を構えた景勝地でもありました。中でもここは百人一首で詠まれる小倉山の中腹。日禛自身が歌人でもあったことから、平安時代に藤原定家の山荘があったと伝わるこの地を選んだのかもしれません。→ map 171ページ

夏が来る前に、
考えたり感じたり
すべきことは多いのです。

【蓮華寺】 れんげじ

鴨川の源流、高野川の上流、上高野の地にあり、山門の前を通るのはかつての若狭街道、通称「鯖街道」。加賀と京都を結ぶこの地に、加賀藩の老臣今枝近義が洛中の寺を移して再興しました。浄土を描き出したとされる池泉観賞式庭園は書院から一望でき、青紅葉、青苔、やがて沙羅の樹が枝一面に花を咲かせます。↓map 174ページ

京都の町の匂いは、
この山からもらって
できているみたいだ。

【比叡山延暦寺《ひえいざんえんりゃくじ》】

延暦七年、古代より神山とされていた比叡山を本格的に開いた伝教大師最澄上人は、一二年間籠って修行に専念する教育制度を確立。法然、栄西、道元、親鸞、日蓮など日本仏教史上著名な僧を輩出したのです。山内の広大な境内は東《とう》塔《どう》、西塔《さいとう》、横川《よかわ》に三区分され、「延暦寺」とはここにある約一五〇〇の堂塔の総称。写真は横川の根本如法塔です。→ map 174ページ

夏

「修学旅行」を家族でやる、なんてどうだろう。二〇〇一年夏の広告コピーだ。

祇園祭、大文字の送り火はいうまでもなく、京都の夏は古くから続いた祭事が少なくない。歴史から学ぶというのなら、この町のこの季節をさけては通れない。

◆

絵日記を書いて、それでおしまいになってしまうような夏じゃなく。大きくなって、思い出してくれるような「夏の記憶」をつくれるかどうか、親も、試されているのです。——二〇〇八年・比叡山延暦寺

95年・夏

「真夏です」と言っているのは
温度計だけでした。

そうか、「しーん」というのが
いちばん涼しい。

【青蓮院門跡】
しょうれんいんもんぜき

知恩院の北隣り。ここまで歩いてきた夏の旅人をほっと一息つかせるかのように、門前の楠の巨木がたっぷりと日陰をつくってくれているお寺があります。粟田御所とも呼ばれる青蓮院。その名を見ても聞いても涼やかな印象は、中に入ればなお一層。相阿弥と小堀遠州による庭の緑に、不思議と暑さが遠のいてゆくような気がします。

↓ map 168ページ

ここに、
こういう橋を持ってくるところが、
京都なんだな。

平安の貴族たち公認の避暑地に、
おじゃましています。

【嵐山】あらしやま

平安の頃には、貴族たちが競って別荘を作ったというほどの地。景勝にとけこむように設計された渡月橋は、橋というもののあり様を私たちに教えてくれているようです。夏なら、亀岡から保津川の激流を舟で下ってくるのも涼味満点。

↓map 171ページ

96年・夏

仏様に対して
こういう言い方も
なんですが、
「きれいだなぁ」

モナリザよりも
一〇〇〇年ほど前から、
微笑んでおられるそうです。

【廣隆寺《こうりゅうじ》】

この「弥勒菩薩《みろくぼさつ》像」は六〇三年廣隆寺創建当時のものといわれています。右足を左膝に乗せ、右手をそっと頬に当て思索にふける、いわゆる「半跏《はんか》思《し》惟《ゆい》像」。有名な哲学者ヤスパースは、生涯これほど人間実存の本当の平和な姿を具現した芸術品を見たことはない、とその感動を著書に記しています。無言にして語りかけてくるものに、耳を傾けてください。↓ map 170ページ

97年・夏

スーパースター、世阿弥12歳。
プロデューサー、足利義満17歳。
「能」は六〇〇年前からブームです。

平成のアーティストの皆さん、
「能」はずっとライブを続けていますよ。

【相国寺】

しょうこくじ

京都御所のすぐそば、町の中心に意外な広さを持つ禅寺です。それもそのはず、足利義満が金閣寺に先立って創建したもの。京都五山の第二位でした。義満といえば一七歳で初めて見た申楽《さるがく》に大いに魅せられ、世阿弥の芸を保護し、それが「能」の芸術的立場を確立することになったといわれています。→map 167ページ

「京」と「水」とでできた
「涼」でした。

【貴船】 きふね

京の町の中を流れる賀茂川をさかのぼったところにある水源の地。古くは、木々の生い茂った山「木《き》生嶺《ふね》」とも、大地全体からエネルギー(気)の生じる根源として「気《き》生根《ふね》」とも記されたといいます。ここで、一六〇〇年以上も前から水の神様を祀るのが貴船神社。その奥宮は古木が天を覆い、生命生気に満ちた正に「聖なる森」の感あり。気温は市中より約五度は低く、貴船川の渓流にしつらえた床で涼をとるのが、昔から京都の人の夏の楽しみなのだそうです。↓

map 174ページ

大きな夏休みが、小さなお寺で見つかる。それがうれしい。

【栂尾山高山寺《とがのをさんこうさんじ》】

神護寺から歩いて約三〇分。鎌倉時代の聖僧、明恵上人が半生を送った山寺です。ここは「地位も名声も伽藍もいらない、ただ大自然と一体化し思索と修禅の日々がほしい」と望んだ彼にとって理想郷でした。写真は国宝の石水院。広く教典や書物を収集し、寺の内外から多くの学僧が閲覧に訪れた図書館でもありました。内と外を滑らかに繋いで一体化させる空間は住宅建築の傑作。涼風に吹かれていつまでも座っていたくなりました。↓map 170ページ

11年・夏

この町の過去は、
君たちの未来のために
あるのだよ。

【本願寺界隈《ほんがんじかいわい》】

京都の東西ふたつの本願寺。どちらも激動の平安末期から鎌倉時代を生きた親鸞聖人が開かれた浄土真宗の本山です。「お東さん」「お西さん」。京都の人はそう呼び親しんでいます。二〇一一年に親鸞聖人の七五〇回の遠忌を迎えました。瓦一〇万枚以上もの大屋根の下、七〇〇畳を超える広い御影堂に親子並んで座る。家族の思い出深い体験になりそうです。↓map 167ページ ※150ページが東本願寺、151ページが西本願寺。

13年・夏

夏の子どもを育てるのは、
青い空と太陽だけじゃ
ないのです。

【石清水八幡宮《いわしみずはちまんぐう》】

桂川、宇治川、木津川が合流する壮大な景観を見下ろす男山、その手つかずの深い緑の中に壮麗な社があります。平安時代の創建以来、天皇や上皇が行幸を重ね、源氏、足利家など武家の崇敬も篤く、江戸時代には諸国からの参詣者で賑わいました。

→ map 173ページ

14年・夏

この夏の旅が、いつか、きっと
家族のチカラに
なってくれる気がします。

【萬福寺】まんぷくじ

開いたのは、一六五四年に弟子二〇余人と中国からやってきた隠元禅師。すでに六十三歳。中国明代の高僧は行く先々で熱狂的に迎えられたそうです。禅師が将来されたものは、美術、医術、建築、音楽、印刷、煎茶、普茶料理など広汎にわたり、江戸時代の文化に影響を及ぼしたといわれます。建物も仏像も明代の禅宗様式に忠実で、僧の読経も明の時代の発音で行われるなど、今も「山門をくぐれば、そこは中国」といった趣です。

→ map 173ページ

思い出の地から足をのばして
長塚京三さん、大人の京散歩

金戒光明寺の山門上層で、
天井画「蟠龍図」を仰ぐ長塚さん

二〇年にわたり「そうだ 京都、行こう。」のCMナレーションを務めてきた俳優の長塚京三さんは、収録後に、つい気になってキャンペーン地を訪ねてみることが多いそうです。
二〇一〇年盛秋キャンペーンで紹介した金戒光明寺《こんかいこうみょうじ》も、そんな場所のひとつ。
思い出の寺院を皮切りに、木の匂い、風の流れを感じながら、長塚さんが大人の京散歩を楽しみます。

長塚京三・旅人　安藤寿和子・文　林義勝・写真

京散歩を楽しむ長塚京三さん。左京区の吉田山付近にて

パリやロスに
ちょっと詳しいより
京都にうんと詳しいほうが
かっこいいかもしれないな。

こんなフレーズから始まった「そうだ 京都、行こう。」キャンペーン。映画を見るような映像と、出来のいい誘い文句。

その誘い文句が、俳優、長塚京三さんの声を借りて、旅心を「つん」とつつく。

斯《か》くして、あまたの人を京都へ誘ってきた長塚さんは、ご自身もまた、京都とのご縁、浅からず。馴染みの宿を拠点に「ただ歩く」のが、いつもの旅のスタイルとか。

「何を見てどうだ……というのではなく、ね。ある平常心、普段の心の在り方でいながら、違う空気と匂いのなかに、もの想うような。そういう楽しみ方ですね。気持ちの上での隠遁、に近いかな」

殊更《ことさら》に予定するでもなく、神戸や大阪へ来たついでに足をのばすことも多々。

「そうだ 京都、寄ろう。だね、僕の場合」

あら、軽口なんかおっしゃる。あのナレーションと同じ声で。で、今日はどこを歩きましょうか。散策がお好きならとっておきのコースがありますが。

「お、いいね」

ということで、キャンペーンゆかりの金戒光明寺、真如堂を巡りながら、東山三十六峰のひとつ「吉田山《よしだやま》」を目指すことに。

京都で山登り？　と眉を顰《ひそ》めるなかれ。吉田山は、三十六峰に名を連ねるとはいえ、碁盤に道が通る京都の街の、マス目ふたつ分くらいにこんもりおさまる標高一〇〇メートル余の丘陵。京都大学も近いことから、「キャンパスの裏山」といった感もある、長閑《のどか》でちょっとアカデミックなムードも漂う、散歩向きの山なのである。

黒谷さんからゴクラクへ

京都の人たちが「黒谷《くろだに》さん」と親しげに呼ぶ金戒光明寺は、地図で見ると御所と大文字山のちょうど真ん中あたり。

「暑い」「寒い」だけで
私の一年が終わるなんて、
ジョーダンではありません。

写真右）金戒光明寺大方丈「虎の間」で執事長の芳井秀教さんと。久保田金僊（きんせん）筆の襖絵は、見方によって虎が４頭だったり、３頭だったり　写真左）運慶作と伝えられる御影堂の文殊菩薩像

二〇一〇年、そんなコピーとともに、息をのむような錦の秋が紹介されていた、法然上人開山のお寺である。

「京都を歩くときは、たいていジャケットを着ます。今風の、気軽な服も持ってるんですよ、僕だって。でも、それじゃない気がするんだ。尊敬するお年寄りに会うような、というのかな。何度来ても、ふらりと寄ったとしても、あまり親しげには、ならなくていい――」

長塚さんは背筋を伸ばし、静かな靴音とともに寺域へ。折しも金戒光明寺では、山門の大修復が成ったばかり。その楼上からは、東山から西山まで京都が一望。晴れた日には大阪も見えるらしい。

幕末、京都守護職に就いた松平容保《かたもり》公は、この見晴らしを利として本陣を構えた。もっともっと昔、平安末期には、比叡山での修行を終えた法然さんが唱えられた念仏に、見晴るかす限り紫雲がたなびき光明がさしたという。

それもこれも、この地でのこと。

◆

真如堂はすぐお隣。金戒光明寺の本堂前から北へ、塔頭の土塀沿いに北の門をくぐり、道なりに歩いて……、ふと右手を見ると、思わぬ近さに大きな門が目に入る。

ご本名は真正極楽寺。
「正真正銘のゴクラク」は、町角を曲がるとあったりするんです。

まさしく二〇〇二年盛秋キャンペーンのコピーどおりの構え。この真如堂、紅葉の季節を除いては、境内ですれ違う人もまばら。それでいて、京都人に好きなお寺はと

長塚さんお気に入りの「京野菜あめ 聖護院大根」。やさしく鄙びた味わい

写真右）真如堂は天台宗の古刹。紅葉が彩る三重塔、曾根三郎や重森千青作庭の書院庭園など四季折々に美しい　写真左）吉田山荘の女将・中村京古さんと。窓のステンドグラスがモダンな印象

訊ねると、かなりの確率で名が挙がる。ここを慕わしく思う人は、それぞれに暗黙のアンテナを働かせ、人の少ないタイミングを選んで、ひそと訪れるのだろうか。

と――、今までコツ、コツ、と規則正しいリズムを刻んでいた長塚さんの靴音が、このお寺では、しばしば止まる。

「まだ朝顔が咲いてるね」

「こんなところに〝花の木〟があるよ」

花々は「僧衣より、植木屋の格好してるときのほうが多い」とおっしゃる当山の僧のご丹精。長塚さんが目を留めた遅咲きの朝顔は、「天上の青」という美しい名を持つ西洋産の珍種。花の木もまた、昭和のご大典にまつわる由緒ある木が寄贈されたもので、知る人ぞ知る名木らしい。

お正月頃に雪でも降れば、真っ赤な実をつける境内のサンシュユが雪に映え、それはそれは鮮やかだそうだ。

美食、古書、そしてオンザロック

昼食は料理旅館「吉田山荘」にて。昭和天皇の義弟にあたる東伏見宮家の別邸を、ほぼそのまま生かした建物は、和洋折衷の昭和モダン。「チョッコモン」という耳慣れぬ言葉を聞き返すと、それは古墳時代の銅鏡「直弧文鏡」。その背面文様が原型というステンドグラスが、ゆかしい邸に不思議な陰影をつくる。贅沢な空間で、季節の美味をちりばめた名物、葉皿《はざら》

昼の部のミニ懐石「葉皿料理」。風雅な吉田山荘でいただく昼食は格別

写真右）こちら側は京都市街が、反対側からは大文字山が……茂庵の窓から景観を堪能　写真左）善行堂は京都大学や京都造形芸術大学の程近く。長塚さん好みの古書も揃う。古書ソムリエとして知られる山本善行さんと時を忘れて文学談義

料理をいただいて、いざ吉田山へ。とはいえ、これまでお寺の石段や坂道を上りながら徐々に高みに来ているので、実は山頂はすぐそこ。腹ごなしにちょっと歩けば、あっという間にお山のてっぺんである。

吉田山でのお楽しみは、葉越しに降り注ぐ陽光と、頂上付近の森から忽然と姿をあらわす、カフェ「茂《も》庵《あん》」。大正時代、運輸業で成功した数奇者、谷川茂次《たにがわしげじ》郎《ろう》が、眼下に広がる京を借景に茶席や楼閣、月見台を持つ森の茶苑を築いた。その一部を手入れしたカフェでは、鳥の声、木々の葉ずれの音もごちそうだ。

ひとやすみのあとは、西を向いて山道を辿り、吉田神社のほうへ降りるもよし。東周りで下りれば、神楽岡から白川、今出川へ。まだ日も高いので、東に道をとって、古本屋さんでも覗きましょうか？「ウィ」とおっしゃったかどうか（たとえ承諾でもウィ、はないですね）。返事も聞かず、界隈で古本探しの達人、ゴッドハンドの持ち主との聞こえも高い山本善行《よしゆき》さんの店「善行堂《ぜんこうどう》」へ。

「古本屋のオヤジといえば、店の奥で、何の機嫌が悪いのか、という顔で座ってるイメージでしょ？でも僕は喋《しゃべ》る古本屋なんです」

そこから花咲いた長塚さんとの古書談義は年代も国もジャンルも縦横無尽。ひとつの話題がビリヤードの玉のように切り返され弾ける、めくるめく「本、バンザイ！」の世界。そして話題は朗読にも及び——。

「うまい朗読、みたいなものは不要であって。ひょっとして、作者の声が重なって聞こえるような。非常に従属的ではあるけれど、解釈者として、僕を仲介してお伝えする。この作業はなかなかおもしろいんですよ。節度を厳しく要求される、という点も含めて」

BAR探偵で、バーテンダーの青年が近く映画監督デビューすると聞くや破顔。カウンター奥の素敵なカップルはオーナーの林海象監督ご夫妻

厳然と、「本」という発信点を重んじ、そこに慮《おもんぱか》りをいたしながら読むには、たとえ老眼をおしてでも「拡大コピー」原稿は宜しからず。紙が黄ばみ、活字が薄くとも、そういうものでないと作者と交流できない——と。

尽きぬ話に、またの機会を約して本の林を出れば、外ははや、看板に灯の入る頃合いに。

こうなれば軽く一杯でしょう、と向かった先は、映画監督の林海《はやしかい》象《ぞう》さんがオーナーを務める、「BAR探偵」。監督いわく

「牛刀（！）で切る、ダイヤモンドカットの氷を入れたオンザロックをぜひ」

ではそれを、と言うや否や、ザクッ、ザクッと胡乱《うろん》な音がすること暫《しば》しの後、出されたお酒は、さすが自慢の代物。大胆にもエレガントな氷に、とろりと琥珀《こはく》がまとわるさまが美しい。

そういえば長塚さん、京都は「書かれ言葉の街」っておっしゃっていましたね。

「ああ、そうだね。活字の世界に近い、というのかな。恰《あたか》も書かれたものを読むような気持ちで、ものが伝えられたり、造られたり、してきたんじゃないのかな、この街では。

とすると、こちらも読まなきゃいけない。いにしえに思いいたす、というか。街の在り方とか、そこにあるものが持つ意図を、ね。だから、京都に来るときは必ず……眼鏡がいる（笑）」

どこやら、先刻の朗読のお話とも繋がるような……。では、さらなる「読みもの」の邪魔をしないよう、当方はここらで退散いたしましょう。

どうぞ、旅の続きをごゆるりと。

※「ひととき」2014年1月号（ウェッジ）より転載

色彩が冴えわたる町
写真家　髙﨑勝二さん

聞き手／菅 聖子

「もう一度、修学旅行に行く気持ちで、京都の美しさを見つめてみよう」

　二〇年前、ＪＲ東海の「そうだ　京都、行こう。」キャンペーンの撮影は、そんな思いをこめてスタートしました。京都の写真や映像は、どちらかというと暗くてシックなものが多いんです。しかし私は、どかーんと気持ちよい、明るい京都を見せたかった。その明るさが、長く続いてきた理由のひとつかもしれません。

　毎回撮影場所が決定すると、そのお寺のもっとも「きまるところ」「輝くところ」を探します。ムービー、スチール、監督と、撮影のすべてを担当しますが、その場所の一番いい表情を撮るのが私の仕事。ムービーは旅人の視線にこだわってリズムや動きを大切に。スチールは一枚できりっと美しい京都を表現するため、フレーミングを大事にしてきました。

　実際の撮影は、放送の一年前に行います。たいてい夜中に機材をセッティングし、夜明けと同時に撮影をスタート。五〇人から六〇人ものスタッフが動きます。桜や紅葉が見事な時期は、観光客がもっとも多いシーズンなので、朝のうちに撮り終えたらすぐに撤収。時間や天気との闘いですが、ありがたいことに雨はほとんど降ったことがありません。

　この二〇年でもっとも印象深いのは、キャンペーンがスタートしたときの清水寺（一九九三年盛秋）の撮影ですね。誰もが知るお寺の堂々とした姿を、夕景の中におさめました。夕暮れの繊細な色に、気を使ったことを思い出します。

　春の京都は、やはり桜。ひとつ選ぶとすれば、醍醐寺（二〇〇九年春）は本当に素晴らしかった。満月の泉涌寺（二〇〇九年初秋）の撮影も忘れられません。屋根やたたきに水をまき、月が上がってきたときの光の美しさを演出しました。冬の金閣寺（二〇〇三年冬）もよかったなあ。この寺には桜がほとんどありません。常緑樹ばかりなのは、金閣寺の美しさを引き立たせるためだと感じました。そして、なんといっても京都が美しいのは紅葉の時期です。日本の風景には赤い色がよく似合う。特に京都は建物に色がないので、自然の赤が冴えわたります。

　京都の風景は、人が手を加えてきたもの。それが千年以上も続いているのは、本当にすごいことです。広告は時代を映すものですが、京都の風景はちっとも古くならない。それほど時の流れがゆるやかなんですね。これを壊してはいけない。未来もずっと、この風景が大事にされる京都であってほしいと思います。

1993年〈盛秋〉清水寺

2009年〈春〉醍醐寺

2009年〈初秋〉泉涌寺

2003年〈冬〉金閣寺

「そうだ 京都、行こう。」の20年
コピーライター　太田恵美さん

聞き手／菅 聖子

京都がここに現れたかのように

ある日、女性誌をめくっていると、一枚の写真が目に留まりました。そこにあったのは、蓮華寺の紅葉の庭を書院から眺めた、超ワイドな写真。「これを巨大な屏風絵のようにして、東京の雑踏の中に出現させてはどうだろう」

その案が採用され、京都キャンペーンが始まりました。風景写真は、原寸に近づくほどに見る人を圧倒します。当時、バーチャルリアリティーという言葉が流行っていましたが、まさに東京で味わうバーチャルな京都でした。

テレビCMは旅人の視線で作ることになり、高﨑勝二さんが歩く速度で映像を撮ってくれました。「そうだ 京都、行こう。」は、スローガンには珍しいしゃべり言葉です。それは当時、リーダーだった佐々木宏、プランナー安西俊夫、ふたりの強い意志でした。私たちはしゃべるとき、ほとんど助詞を省いてしまっています。「ごはん、食べに行こう」と言い、「ごはん〝を〟食べに行こう」とは言いませんよね。今の言葉で、今の気持ちを語りたい。そうすれば、決して古くない、ビビッドな京都が、今を生きる人に伝わるのではないかとの計算でした。

ナレーターが長塚京三さんに決まると、旅人の人格も見えました。長塚さんは　和語や漢語を駆使した文章を書かれる方。そのインテリジェンスあふれる人が、歳の離れた姪に向けて旅の感想を語る、という設定が浮かんできました。

今の自分が京都で何を思うのだろう

原稿を書く前、私はその寺院にまつわる勉強はします。しかし、一番大切にしてきたのは「今の自分が何を感じるか」でした。「今年の紅葉を、今年の私が見て、さて何を思うのでありましょう」と書いたことがありますが、これは私自身のこと。常に自問しながら現場での自分を試すのです。

あるとき、大先輩のコピーライターに言われました。「こんな完成された写真にコピーを載せるなど、怖くてできない」。本当にその通り。私も同じ気持ちです。しかし同じ頃に聞いた、ある生物学者の話には励まされました。

「何も言わずに学生に顕微鏡をのぞかせると、何も見えないと言う。ところが、ある指針を与えると、一気に見えてくる。見るだけでは、見えないんです」

写真も同じ。何も言わなければ、色が好きな人は色だけ、お寺が好きな人はお寺だけを見るでしょう。でもそこに何か言葉を添えると、違う景色が見えるんじゃないか。脇のほうからつつくと、新しい感じ方をしてもらえるんじゃないか。見る人に何かきっかけを与えられたらと思いながら、言葉を探し続けることにしました。

一番思い出深いのは、やはり最初に書いた清水寺のコピーです。

「パリやロスにちょっと詳しいより　京都にうんと詳しいほうがかっこいいかもしれないな。」（一九九三年盛秋）

まだバブルの余韻があり、パリやロスのどこへ行ったという海外の旅自慢があふれる時代でした。自省の念もこめたアンチテーゼですね。上質でストレートな写真に、ひねった視点を挟んだ。これで、京都のキャンペーンの広告の性格が決まりました。

「巨大組織『比叡山』から　ひとり飛び出した法然。鎌倉時代の『フリー宣言』でした。」（一九九七年冬）

親鸞や法然など、仏教変革の僧が登場した鎌倉時代。独立し、独自の思想を確立した人が同時代にあれほど存在したことに驚かされます。ちょうど野茂のような野球選手が現れたこと、周りにも会社から独立する仲間がいたことと符号しました。閉塞感を打ち破る人は、どの時代でも魅力的ですよね。

「ここの桜のように　一年にたった一回でもいい。人をこんなにも喜ばせる仕事ができれば　なんて思いました。」（一九九九年春）

仕事がうまくいかなかった時期、「桜はいいな。毎年褒められて」と正直に表現しました。どんなときも、景色や歴史など素材の力と、自分が今感じていることをかけあわせて書ければ、と思っています。

君たちの未来のために この町の過去がある

歴史は確かに今につながっている。この仕事を通してつくづく思ったことでした。京都で、昔と今を行ったり来たりしていると、昔の人が悩んだり感情に振り回されたりしたその結果が「今」なんだと気づかされます。そして、現在もいずれ過去の歴史になる。

「この町の過去は、君たちの未来のためにあるのだよ。」（二〇一一年夏）

大きな震災の後、「子どもは希望だ」「命が生まれるってすごい」と感じました。だからこそ、京都という町が未来に輝いていないと意味がない。どうしてもそれを言いたかったのです。

京都は私を鍛えてくれる土地。これほど長く続くとは思っていませんでしたが、ここまで来たらカッコ悪いと言われるまで続けるほうが、むしろカッコ良いかもしれない、と。これもまた、京都が私に教えてくれたことでした。

京都全図
洛北 P.174
洛中 P.167
洛東1 P.168
洛東2-1 P.169
洛東2-2 P.169
洛西1-1 P.170
洛西1-2 P.170
洛西2-1 P.171
洛西2-2 P.171
洛南 P.172
山科 P.173
宇治 P.173
八幡 P.173
鞍馬
大原
367
金毘羅山
三千院
半国高山
鞍馬駅
貴船口駅
十三石山
162
瓢箪崩山
奥比叡ドライブウェイ
滋賀県
大津市
京都府
京都市
左京区
朝日峯
叡山鞍馬線電鉄
二軒茶屋駅
比叡山
比叡山延暦寺
坂本駅
右京区
大比叡
愛宕山
賀茂川
北区
宝ヶ池駅
嵐山高雄パークウェイ
叡山電鉄本線
比叡山ドライブウェイ
詩仙堂丈山寺
鹿苑寺（金閣寺）
下鴨神社
保津峡駅
亀岡駅へ
京福北野線
北野天満宮
出町柳駅
琵琶湖
上京区
京都御所
京阪鴨東線
大津京駅
嵯峨嵐山駅
JR山陰本線
鴨川
平安神宮
嵯峨野観光線
二条城
161
JR湖西線
トロッコ亀岡駅へ
嵐山駅
三条駅
京福嵐山本線
二条駅
中京区
嵐山
大津駅
亀岡市
祇園四条駅
河原町駅
東山区
阪急京都線
山科駅
大津
清水寺
下京区
西芳寺（苔寺）
阪急嵐山線
京都駅
JR東海道本線
京阪京津線
京都東
篠IC へ
1
東寺
東福寺駅
瀬田西IC へ
桂駅
東福寺
東海道新幹線
沓掛
山科区
9
米原駅へ
西京区
南区
名神高速道路
向日市
阪急京都線
桂川
171
京都南
竹田駅
京都縦貫自動車道（京都丹波道路）
伏見区
西向日駅
伏見桃山城
丹波橋駅
桃山駅
長岡京市
JR東海道本線
東海道新幹線
阪神高速8号京都線
JR奈良線
長岡天神駅
宇治川
石山IC へ
長岡京駅
中書島駅
24
京阪宇治線
笠取
南郷
京滋バイパス
大山崎JCT
淀駅
巨椋池
宇治東
大山崎
宇治西
巨椋
島本町
大山崎町
久御山
久御山JCT
宇治駅
宇治市
大阪府
久御山淀
平等院
近鉄京都線
久御山町
高槻市
淀川
久御山南
大久保駅
第二京阪道路
高槻駅へ
八幡市
八幡南
宇治田原町
京阪本線
城陽市
京田辺松井
新大阪駅へ
枚方市駅へ
奈良駅へ

洛中エリア

【大徳寺】（16・54・110ページ）

京都市北区紫野大徳寺町53

時間：高桐院　9〜16時半

大仙院　3〜11月　9〜17時

12〜2月　9〜16時半

黄梅院　10〜16時

（公開期間のみ）

※大徳寺境内は参拝自由。

紅葉のお庭を見ながらお抹茶もいただけます。

【北野天満宮】（70ページ）

京都市上京区馬喰町

開閉時間：4〜9月　5〜18時

10〜3月　5時半〜17時半

当時の賑わいは、毎月25日の縁日に今も受け継がれているようです。

【相国寺】（144ページ）

京都市上京区今出川通烏丸東入

時間：10〜16時

【東本願寺】（150ページ）

京都市下京区烏丸通七条上ル

開閉時間：3〜10月

5時50分〜17時半

11〜2月

6時20分〜16時半

【西本願寺】（151ページ）

京都市下京区堀川通花屋町下ル

開閉時間：5時半〜18時

（時期によって異なります）

【東寺（教王護国寺）】（56・100ページ）

京都市南区九条町1

時間：夏季（3月20日〜9月19日）

8時半〜17時半

冬季（9月20日〜3月19日）

8時半〜16時半

東寺は密教美術の宝庫。金堂、講堂はぜひとも。

洛東エリア1

【三十三間堂】（46ページ）
京都市東山区三十三間堂廻町657
開門時間：4月～11月15日　8～17時
11月16日～3月　9～16時
「通し矢」の行事は有名。堂の裏手には多くの矢傷が見つかります。

【智積院】（122ページ）
京都市東山区東大路通り七条下ル東瓦町964
時間：9～16時

【清水寺】（6ページ）
京都市東山区清水1丁目294
時間：6～18時（時期によって異なります）
10月末の京都の日入は、午後5時ちょっとすぎ。

【八坂の塔】（50ページ）
京都市東山区清水八坂上町388
時間：10～16時

【八坂通】（66ページ）
このあたり、明治以前は花街だったところ。今も町並みにはその頃の面影が残ります。

【高台寺】（78ページ）
京都市東山区高台寺下河原町526
時間：9～17時
ここで見られる蒔絵は、高台寺蒔絵と呼ばれる桃山時代を代表する芸術作品です。

【二年坂】（64ページ）
三年坂、二年坂、一年坂は産寧坂、二寧坂、一念坂とも書かれ、その諸説ある由来を調べるのも面白いものです。

【円山公園】（94ページ）
京都市東山区円山町473
徒歩圏内には有名な祇園白川沿いの桜もあります。

【知恩院】（52ページ）
京都市東山区林下町400
時間：9～16時半
三門からの石段は相当な勾配です。お気をつけください。

【青蓮院門跡】（138ページ）
京都市東山区粟田口三条坊町69―1
時間：9～17時
ここの「不動明王二童子像」は青不動と呼ばれて、三井寺の黄不動、高野山明王院の赤不動と並ぶ日本三大不動のひとつです。

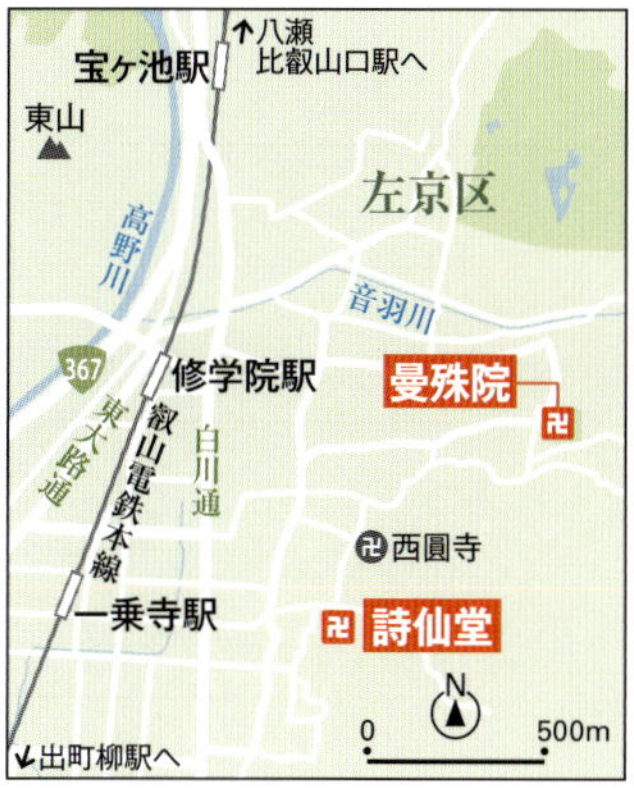

洛東エリア2

【南禅寺】（42・98ページ）
京都市左京区南禅寺福地町
時間：3～11月　8時40分～17時
12～2月　8時40分～16時半
三門からの眺めは確かに、絶景かな！

【永観堂】（14ページ）
京都市左京区永観堂町48
時間：9～17時
近くに紅葉の名所多し。ゆっくり、どうぞ。

【平安神宮】（92ページ）
京都市左京区岡崎西天王町
時間：8時半～17時半
（時期によって異なります）

【真如堂】（22ページ）
京都市左京区浄土寺真如町82
時間：9～16時

【銀閣寺（東山慈照寺）】（24ページ）
京都市左京区銀閣寺町2
時間：夏季（3～11月）8時半～17時
冬季（12～2月）9～16時半
写真手前の砂盛は「向月台《こうげつだい》」と呼ばれます。

【哲学の道】（82ページ）

【法然院】（126ページ）
京都市左京区鹿ケ谷御所ノ段町30
時間：6～16時
ここから永観堂、南禅寺、さらに知恩院へどうぞ。散策には絶好です。

【安楽寺】（114ページ）
京都市左京区鹿ケ谷御所ノ段町21
時間：9時半～16時半

【下鴨神社（賀茂御祖神社）】（68ページ）
京都市左京区下鴨泉川町59
開閉時間：6時半～17時半
上賀茂神社と並んで世界遺産です。

【詩仙堂】（108ページ）
京都市左京区一乗寺門口町27
時間：9～17時
庭園のいたるところに野の花が咲き、季節ごとにちがった表情を見ることができます。

【曼殊院】（28ページ）
京都市左京区一乗寺竹ノ内町42
時間：9～17時
近くに詩仙堂、修学院離宮、赤山禅院。紅葉散歩に最適です。

洛西エリア1

【龍安寺】（60・62ページ）
京都市右京区龍安寺御陵下町13
時間：3～11月　8～17時
12～2月　8時半～16時半

【仁和寺】（80・88ページ）
京都市右京区御室大内33
時間：3～11月　9～17時
12～2月　9～16時半
ユネスコの世界遺産に登録されています。御室桜は遅咲き。4月中～下旬が見頃です。

【妙心寺】（102ページ）
京都市右京区花園妙心寺町64
時間：9時10分～16時40分
（時期によって異なります）
退蔵院にある如拙の傑作「瓢鮎図《ひょうねんず》」が有名です。

【廣隆寺】（142ページ）
京都市右京区太秦蜂岡町32
時間：9～17時
142ページの写真は通称「泣き弥勒」。こちらも飛鳥時代作。

【神護寺】（112ページ）
京都市右京区梅ケ畑高雄町5
時間：9～16時

【高山寺】（148ページ）
京都市右京区梅ケ畑栂尾町8
時間：8時半～17時

洛西エリア2

【大覚寺】（30ページ）
京都市右京区嵯峨大沢町4
時間：9～17時
五大堂の濡れ縁から眺める大沢池、絶景です。

【祇王寺】（128ページ）
京都市右京区嵯峨鳥居本小坂町32
時間：9～17時
祇王の章は『平家物語』巻第一です。

【二尊院】（40ページ）
京都市右京区嵯峨二尊院門前長神町27
時間：9～16時半
ここから1km圏内に、数々の紅葉のお寺があります。

【常寂光寺】（130ページ）
京都市右京区嵯峨小倉山小倉町3
時間：9～17時
落柿舎、二尊院、祇王寺、滝口寺、化野念仏寺は、嵯峨野散歩コースです。

【天龍寺】（90ページ）
京都市右京区嵯峨天龍寺芒ノ馬場町68
時間：3月21日～10月20日
8時半～17時半
10月21日～3月20日
8時半～17時

【嵐山・渡月橋】（74・140ページ）
山から吹きおろす風が、激しく木々の葉を踊らせる様子に「嵐山」という名前がついたそうです。渡月橋から下流は「桂川」と名前が変わります。念のため。

【梅宮大社】（116ページ）
京都市右京区梅津フケノ川町30
時間：9～17時
ここはその名の通り、梅の香が漂う貴族の別荘地だったこともあるそうです。

【光明寺】（36ページ）
長岡京市粟生西条ノ内26－1
時間：9～16時

【十輪寺】（104ページ）
京都市西京区大原野小塩町481
時間：9～17時
善峯寺、正法寺、大原野神社、勝持寺など、西山の春は贅沢です。

【善峯寺】（26・84ページ）
京都市西京区大原野小塩町1372
時間：8～17時
真っ赤な紅葉との対比を見せる40mの「遊龍の松」。国の天然記念物です。

洛南エリア／伏見

【東福寺】（18ページ）
京都市東山区本町15丁目778
時間：4～10月　9～16時
11～12月初旬　8時半～16時
12月初旬～3月　9～15時半
各塔頭の個性ある庭園美も、見どころです。

【光明院】（20ページ）
京都市東山区本町15丁目809
時間：日没まで
東福寺の方丈庭園も重森氏作。東西南北それぞれ趣の異なる庭は必見です。くれぐれも紅葉だけでお帰りにならぬよう。

【泉涌寺】（34ページ）
京都市東山区泉涌寺山内町27
時間：3～11月　9～16時半
12～2月　9～16時
西に東福寺、北に三十三間堂、智積院。ぜひ初秋の散策を。

【伏見稲荷大社】（48ページ）
京都市伏見区深草藪之内町68
時間：8時半～16時半
人出の多いお正月を避けて、年末にゆっくり来る年の祈願を、というテもあります。

【勧修寺】（124ページ）
京都市山科区勧修寺仁王堂町27－6
時間：9～16時
夏に向けて、カキツバタ、キショウブ、ハナショウブ、ハス。ずっと楽しめるお寺です。

【醍醐寺】（76ページ）
京都市伏見区醍醐東大路町22
時間：3～12月第1日曜日　9～17時
12月第1日曜日の次の日～2月末　9～16時
ライトアップはされていませんが、境内の参道の桜はいつでも見ることができます。

【城南宮】（120ページ）
京都市伏見区中島鳥羽離宮町7
時間（神苑）：9～16時半

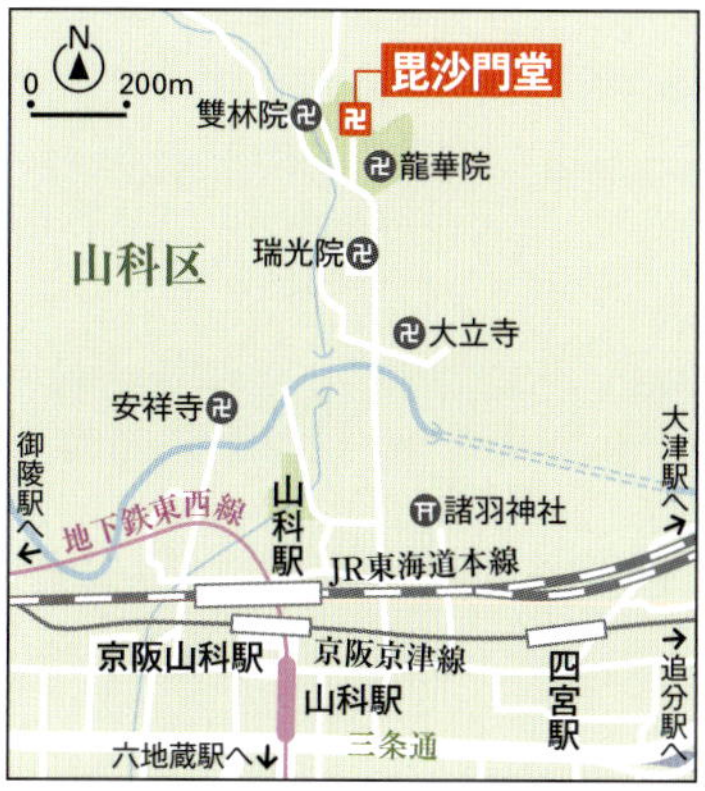

宇治／山科／八幡

【平等院】（8ページ）

宇治市宇治蓮華116

時間：8時半～17時半

宇治は茶どころ、近くにはお茶屋さんが並んでいます。

※鳳凰堂、庭園ともに修理を行いました。

【三室戸寺】（118ページ）

宇治市莵道滋賀谷21

時間：4～10月　8時半～16時半

11～3月　8時半～16時

重要文化財の仏像5体、源氏物語「宇治十帖」の浮橋の古墳、芭蕉の句など見どころ多し。

【萬福寺】（154ページ）

宇治市五ケ庄三番割34

時間：9～17時

坐禅の体験には事前の予約が必要です。

【毘沙門堂】（38・86ページ）

京都市山科区安朱稲荷山町18

時間：3～11月　8時半～17時

12～2月　8時半～16時半

近くの随心院、勧修寺、大石神社、岩屋寺も紅葉のスポットです。

【石清水八幡宮】（152ページ）

八幡市八幡高坊30

開門時間：4～9月　5時半～18時半

10月　6～18時

11～12月・1月20日～3月　6時半～18時

1月1日～19日　不定期

伊勢神宮に次ぐ第二の宗廟と称された全国屈指の神社です。

洛北エリア

【金閣寺（北山鹿苑寺）】（58ページ）
京都市北区金閣寺町1
時間：9～17時

【源光庵】（10ページ）
京都市北区鷹峯北鷹峯町47
時間：9～17時
大徳寺へも散歩の気分で行ける距離です。

【上賀茂】（96ページ）
写真は上賀茂神社と下鴨神社を結ぶ加茂川の東岸にある半木《なからぎ》の道。この季節は800mの八重紅枝垂れ桜のトンネルです。

【正伝寺】（12ページ）
京都市北区西賀茂北鎮守庵町72
時間：9～17時
仲秋の名月の前後は夜間拝観ができます。

【貴船】（146ページ）

【蓮華寺】（132ページ）
京都市左京区上高野八幡町1
時間：9～17時
造営にあたっては京都を中心に活躍した宗教人や文人たちが協力したという文化の遺産でもあります。

【比叡山延暦寺】（134ページ）
滋賀県大津市坂本本町4220
時間：〔東塔地区〕
3～11月　8時半～16時半
12月　9～16時
1～2月　9～16時半
〔西塔・横川地区〕
3～11月　9～16時
12月　9時半～15時半
1～2月　9時半～16時

【三千院】（32ページ）
京都市左京区大原来迎院町540
時間：3～10月　9～17時半
11月　8時半～17時半
12～2月　9～16時半
少し奥へ進めば「音無の滝」です。

※本書に掲載したデータは2014年7月末時点のものです。拝観時間等は変更することがございますので、お出かけの際はご確認ください。
※「時間」は、拝観時間を指します。
※写真は掲出時のもので、現状と異なる場合があります。

索引

【あ】
嵐山・渡月橋　あらしやま・とげつきょう――74、140
安楽寺　あんらくじ――114
石清水八幡宮　いわしみずはちまんぐう――152
梅宮大社　うめのみやたいしゃ――116
永観堂　えいかんどう――14

【か】
勧修寺　かじゅうじ――124
上賀茂　かみがも――96
祇王寺　ぎおうじ――128
北野天満宮　きたのてんまんぐう――70
貴船　きふね――146
清水寺　きよみずでら――6
金閣寺　きんかくじ――58
銀閣寺　ぎんかくじ――24
源光庵　げんこうあん――10
高山寺　こうさんじ――148
高台寺　こうだいじ――78
光明寺　こうみょうじ――36
廣隆寺　こうりゅうじ――142

【さ】
三十三間堂　さんじゅうさんげんどう――46
三千院　さんぜんいん――32
詩仙堂　しせんどう――108
下鴨神社　しもがもじんじゃ――68
十輪寺　じゅうりんじ――104
相国寺　しょうこくじ――144
正伝寺　しょうでんじ――12
青蓮院門跡　しょうれんいんもんぜき――138
常寂光寺　じょうじゃっこうじ――130
城南宮　じょうなんぐう――120
真如堂　しんにょどう――22
神護寺　じんごじ――112
泉涌寺　せんにゅうじ――34

【た】
大覚寺　だいかくじ――30
醍醐寺　だいごじ――76
大徳寺 黄梅院　だいとくじ おうばいいん――110
大徳寺 高桐院　だいとくじ こうとういん――16
大徳寺 大仙院　だいとくじ だいせんいん――54
知恩院　ちおんいん――52
智積院　ちしゃくいん――122
哲学の道　てつがくのみち――82
天龍寺　てんりゅうじ――90
東寺　とうじ――56、100
東福寺　とうふくじ――18
東福寺 光明院　とうふくじ こうみょういん――20

【な】
南禅寺　なんぜんじ――98
南禅寺 天授庵　なんぜんじ てんじゅあん――42
西本願寺　にしほんがんじ――151
二尊院　にそんいん――40
二年坂　にねんざか――64
仁和寺　にんなじ――80、88

【は】
比叡山延暦寺　ひえいざんえんりゃくじ――134
東本願寺　ひがしほんがんじ――150
毘沙門堂　びしゃもんどう――38、86
平等院　びょうどういん――8
伏見稲荷大社　ふしみいなりたいしゃ――48
平安神宮　へいあんじんぐう――92
法然院　ほうねんいん――126

【ま】
円山公園　まるやまこうえん――94
曼殊院　まんしゅいん――28
萬福寺　まんぷくじ――154
三室戸寺　みむろとじ――118
妙心寺 退蔵院　みょうしんじ たいぞういん――102

【や】
八坂通　やさかどおり――66
八坂の塔　やさかのとう――50
善峯寺　よしみねでら――26、84

【ら】
龍安寺 鏡容池　りょうあんじ きょうようち――62
龍安寺 石庭　りょうあんじ せきてい――60
蓮華寺　れんげじ――132

コピー・文
太田恵美

写真
高﨑勝二　下記を除く全点
高﨑勝二＋キャラッツ（pp.74～75, 90～91）

水野克比古（pp.50～51, 114～115, 120～121, 126～127）
西川 孟（pp.60～61）
室田康雄（pp.62～63, 118～119）
中田 昭（pp.64～67, 130～131）
十文字美信（pp.76～77）
橋本健次（pp.88～89）
小林賢司（pp.116～117, 122～123）
駒井ケン／アフロ（pp.128～129）
竹下光士／アフロ（pp.134～135）
撮影者不明（pp.14～15）

協力
東海旅客鉄道株式会社
株式会社ジェイアール東海エージェンシー
株式会社電通
株式会社ティー・ワイ・オー
株式会社たき工房
有限会社長塚京三オフィス　ほか

ブックデザイン　横須賀 拓
執筆協力　菅 聖子（pp.162～165）
地図製作　株式会社アトリエ・プラン
編集協力　ひととき編集部（ウェッジ）
編集　山本泰代（ウェッジ）

「そうだ 京都、行こう。」の20年

2014年9月30日 第1刷発行
2023年7月31日 第11刷発行

ウェッジ編

発行者……江尻 良

発行所……株式会社ウェッジ
〒101-0052　東京都千代田区神田小川町1-3-1
NBF小川町ビルディング3階
電話：03-5280-0528　FAX：03-5217-2661
http://www.wedge.co.jp　振替00160-2-410636

印刷・製本所……日本写真印刷コミュニケーションズ株式会社

ISBN 978-4-86310-131-9 C0072